# Ce Carnet Appartient à

# Sommaire Collection

| Livre | Prix | Valeur | Notes |
| --- | --- | --- | --- |
|  |  |  |  |
|  |  |  |  |
|  |  |  |  |
|  |  |  |  |
|  |  |  |  |
|  |  |  |  |
|  |  |  |  |
|  |  |  |  |
|  |  |  |  |
|  |  |  |  |
|  |  |  |  |
|  |  |  |  |
|  |  |  |  |
|  |  |  |  |
|  |  |  |  |
|  |  |  |  |
|  |  |  |  |
|  |  |  |  |
|  |  |  |  |
|  |  |  |  |

# Sommaire Collection

| Livre | Prix | Valeur | Notes |
| --- | --- | --- | --- |
|  |  |  |  |
|  |  |  |  |
|  |  |  |  |
|  |  |  |  |
|  |  |  |  |
|  |  |  |  |
|  |  |  |  |
|  |  |  |  |
|  |  |  |  |
|  |  |  |  |
|  |  |  |  |
|  |  |  |  |
|  |  |  |  |
|  |  |  |  |
|  |  |  |  |
|  |  |  |  |
|  |  |  |  |
|  |  |  |  |
|  |  |  |  |
|  |  |  |  |

# Sommaire Collection

| Livre | Prix | Valeur | Notes |
|---|---|---|---|
| | | | |
| | | | |
| | | | |
| | | | |
| | | | |
| | | | |
| | | | |
| | | | |
| | | | |
| | | | |
| | | | |
| | | | |
| | | | |
| | | | |
| | | | |
| | | | |
| | | | |
| | | | |
| | | | |
| | | | |
| | | | |

# Sommaire Collection

| Livre | Prix | Valeur | Notes |
|-------|------|--------|-------|
|       |      |        |       |
|       |      |        |       |
|       |      |        |       |
|       |      |        |       |
|       |      |        |       |
|       |      |        |       |
|       |      |        |       |
|       |      |        |       |
|       |      |        |       |
|       |      |        |       |
|       |      |        |       |
|       |      |        |       |
|       |      |        |       |
|       |      |        |       |
|       |      |        |       |
|       |      |        |       |
|       |      |        |       |
|       |      |        |       |
|       |      |        |       |

**Titre Livre:**

**Auteur:**

**Editeur:**

**Date Publication:** _________________  **N° Édition :** _________________

Acheté Chez : _____________________________________________

Prix d'Achat : [        ]  Valeur Réelle [        ]

**Condition** [        ]  **Séries/Année** [        ]

## Description

_______________________________________________

_______________________________________________

_______________________________________________

_______________________________________________

_______________________________________________

_______________________________________________

## Notes

**Photo/Dessin**

_______________________________

_______________________________

_______________________________

_______________________________

_______________________________

_______________________________

_______________________________

_______________________________

_______________________________

### Évaluation

☆ ☆ ☆ ☆ ☆

**Titre Livre:**

**Auteur:**

**Editeur:**

**Date Publication:** _________________ **N° Édition :**_________________

Acheté Chez : _________________________________

Prix d'Achat :     Valeur Réelle

**Condition**     **Séries/Année**

## Description

______________________________________________

______________________________________________

______________________________________________

______________________________________________

______________________________________________

______________________________________________

# Notes

**Photo/Dessin**

**Évaluation**

☆ ☆ ☆ ☆ ☆

**Titre Livre:**

**Auteur:**

**Editeur:**

**Date Publication:** _______________  **N° Édition :** _______________

Acheté Chez : ___________________________________

Prix d'Achat :                Valeur Réelle

**Condition**                **Séries/Année**

## Description

______________________________________________

______________________________________________

______________________________________________

______________________________________________

______________________________________________

______________________________________________

## Notes

**Photo/Dessin**

**Évaluation**

☆ ☆ ☆ ☆ ☆

**Titre Livre:**

**Auteur:**

**Editeur:**

**Date Publication:** ________________  **N° Édition :** ________________

Acheté Chez : ________________________________

Prix d'Achat :            Valeur Réelle

**Condition**            **Séries/Année**

## Description

____________________________________________

____________________________________________

____________________________________________

____________________________________________

____________________________________________

____________________________________________

## Notes

                                                 **Photo/Dessin**

____________________

____________________

____________________

____________________

____________________

____________________

____________________

____________________

____________________

____________________

**Évaluation**

☆ ☆ ☆ ☆ ☆

**Titre Livre:**

**Auteur:**

**Editeur:**

**Date Publication:** _______________ **N° Édition :** _______________

Acheté Chez : _______________

Prix d'Achat :       Valeur Réelle

**Condition**       **Séries/Année**

## Description

____________________

____________________

____________________

____________________

____________________

## Notes

**Photo/Dessin**

____________________

____________________

____________________

____________________

____________________

____________________

____________________

____________________

____________________

**Évaluation**

☆ ☆ ☆ ☆ ☆

**Titre Livre:**

**Auteur:**

**Editeur:**

**Date Publication:** ______________________ **N° Édition :**________________

Acheté Chez : ___________________________________________

Prix d'Achat :       Valeur Réelle

**Condition**       Séries/Année

## Description

____________________________________________

____________________________________________

____________________________________________

____________________________________________

____________________________________________

## Notes

**Photo/Dessin**

____________________

____________________

____________________

____________________

____________________

____________________

____________________

____________________

____________________

**Évaluation**

☆ ☆ ☆ ☆ ☆

**Titre Livre:**

**Auteur:**

**Editeur:**

**Date Publication:** _________________ **N° Édition :** _________________

Acheté Chez : _________________________________

Prix d'Achat :        Valeur Réelle

**Condition**        **Séries/Année**

## Description

## Notes

**Photo/Dessin**

**Évaluation**

☆ ☆ ☆ ☆ ☆

**Titre Livre:**

**Auteur:**

**Editeur:**

**Date Publication:** _________________ **N° Édition :**_________________

Acheté Chez : _______________________________

Prix d'Achat :          Valeur Réelle

**Condition**          **Séries/Année**

## Description

______________________________________________

______________________________________________

______________________________________________

______________________________________________

______________________________________________

______________________________________________

# Notes

**Photo/Dessin**

______________________________

______________________________

______________________________

______________________________

______________________________

______________________________

______________________________

______________________________

______________________________

______________________________

**Évaluation**

☆ ☆ ☆ ☆ ☆

**Titre Livre:**

**Auteur:**

**Editeur:**

**Date Publication:** _______________ **N° Édition :** _______________

Acheté Chez : _______________

Prix d'Achat :        Valeur Réelle

**Condition**        **Séries/Année**

**Description**

## Notes

**Photo/Dessin**

**Évaluation**

☆ ☆ ☆ ☆ ☆

**Titre Livre:**

**Auteur:**

**Editeur:**

**Date Publication:** _________________  N° Édition : _________________

Acheté Chez : _________________________________________

Prix d'Achat :                     Valeur Réelle

**Condition**                     **Séries/Année**

## Description

_________________________________________________
_________________________________________________
_________________________________________________
_________________________________________________
_________________________________________________
_________________________________________________

## Notes

**Photo/Dessin**

_________________________________
_________________________________
_________________________________
_________________________________
_________________________________
_________________________________
_________________________________
_________________________________
_________________________________
_________________________________

**Évaluation**

☆ ☆ ☆ ☆ ☆

**Titre Livre:**

**Auteur:**

**Editeur:**

**Date Publication:** _____________________ **N° Édition :** _______________

Acheté Chez : _______________________________________________

Prix d'Achat :              Valeur Réelle

**Condition**             **Séries/Année**

### Description

## Notes

**Photo/Dessin**

### Évaluation

☆ ☆ ☆ ☆ ☆

**Titre Livre:**

**Auteur:**

**Editeur:**

**Date Publication:** ________________  **N° Édition :**________________

Acheté Chez : ___________________________________________

Prix d'Achat :          Valeur Réelle

**Condition**          **Séries/Année**

## Description

___________________________________________

___________________________________________

___________________________________________

___________________________________________

___________________________________________

# Notes

**Photo/Dessin**

**Évaluation**

☆ ☆ ☆ ☆ ☆

**Titre Livre:**

**Auteur:**

**Editeur:**

**Date Publication:** _________________ **N° Édition :**_________________

Acheté Chez : _______________________________

Prix d'Achat :             Valeur Réelle

Condition             Séries/Année

## Description

# Notes

**Photo/Dessin**

## Évaluation

☆☆☆☆☆

**Titre Livre:**

**Auteur:**

**Editeur:**

**Date Publication:** _______________  **N° Édition :**_______________

Acheté Chez : _______________________________

Prix d'Achat :              Valeur Réelle

**Condition**              Séries/Année

## Description

_______________________________________________

_______________________________________________

_______________________________________________

_______________________________________________

_______________________________________________

# Notes

_______________________________

**Photo/Dessin**

_______________________________

_______________________________

_______________________________

_______________________________

_______________________________

_______________________________

_______________________________

_______________________________

_______________________________

**Évaluation**

☆ ☆ ☆ ☆ ☆

**Titre Livre:**

**Auteur:**

**Editeur:**

**Date Publication:** _________________ **N° Édition :** _______________

Acheté Chez : _________________________________________

Prix d'Achat :        Valeur Réelle

**Condition**        **Séries/Année**

## Description

________________________________________________________

________________________________________________________

________________________________________________________

________________________________________________________

________________________________________________________

________________________________________________________

## Notes           **Photo/Dessin**

**Évaluation**

☆ ☆ ☆ ☆ ☆

**Titre Livre:**

**Auteur:**

**Editeur:**

**Date Publication:** ________________  **N° Édition :** ________________

Acheté Chez : _________________________________

Prix d'Achat :  Valeur Réelle

**Condition**  **Séries/Année**

## Description

_________________________________________

_________________________________________

_________________________________________

_________________________________________

_________________________________________

## Notes

____________________  **Photo/Dessin**

_________________

_________________

_________________

_________________

_________________

_________________

_________________

_________________

### Évaluation

☆ ☆ ☆ ☆ ☆

**Titre Livre:**

**Auteur:**

**Editeur:**

**Date Publication:** _______________________  **N° Édition :** _______________

Acheté Chez : _______________________________________________

Prix d'Achat : [                    ]  Valeur Réelle [                ]

**Condition** [                    ]  **Séries/Année** [                ]

## Description

_________________________________________________________________
_________________________________________________________________
_________________________________________________________________
_________________________________________________________________
_________________________________________________________________
_________________________________________________________________

## Notes

**Photo/Dessin**

## Évaluation

☆ ☆ ☆ ☆ ☆

**Titre Livre:**

**Auteur:**

**Editeur:**

**Date Publication:** _________________ **N° Édition :**_______________

Acheté Chez : _______________________________

Prix d'Achat :                          Valeur Réelle

**Condition**                          **Séries/Année**

## Description

## Notes

### Photo/Dessin

### Évaluation

☆ ☆ ☆ ☆ ☆

**Titre Livre:**

**Auteur:**

**Editeur:**

**Date Publication:** ________________  **N° Édition :**________________

Acheté Chez :  ________________________________________

Prix d'Achat :          Valeur Réelle

**Condition**          **Séries/Année**

## Description

________________________________________
________________________________________
________________________________________
________________________________________
________________________________________
________________________________________

## Notes

**Photo/Dessin**

________________________________________
________________________________________
________________________________________
________________________________________
________________________________________
________________________________________
________________________________________
________________________________________

**Évaluation**

☆ ☆ ☆ ☆ ☆

**Titre Livre:**

**Auteur:**

**Editeur:**

**Date Publication:** __________________  **N° Édition :** __________________

Acheté Chez : __________________________________________

Prix d'Achat :  |__________|  Valeur Réelle  |__________|

**Condition**  |__________|  **Séries/Année**  |__________|

## Description

___________________________________________

___________________________________________

___________________________________________

___________________________________________

___________________________________________

___________________________________________

# Notes

___________________________

### Photo/Dessin

___________________________

___________________________

___________________________

___________________________

___________________________

___________________________

___________________________

___________________________

___________________________

### Évaluation

☆ ☆ ☆ ☆ ☆

**Titre Livre:**

**Auteur:**

**Editeur:**

**Date Publication:** ______________________  **N° Édition :** ______________________

Acheté Chez : ____________________________________________

Prix d'Achat :                    Valeur Réelle

**Condition**                    **Séries/Année**

## Description

____________________________________________

____________________________________________

____________________________________________

____________________________________________

____________________________________________

____________________________________________

# Notes

**Photo/Dessin**

____________________________________________

____________________________________________

____________________________________________

____________________________________________

____________________________________________

____________________________________________

____________________________________________

____________________________________________

____________________________________________

**Évaluation**

☆ ☆ ☆ ☆ ☆

**Titre Livre:**

**Auteur:**

**Editeur:**

**Date Publication:** ______________________ N° Édition :__________________

Acheté Chez : ________________________________________________

Prix d'Achat :              Valeur Réelle

Condition              Séries/Année

## Description

______________________________________________________________

______________________________________________________________

______________________________________________________________

______________________________________________________________

______________________________________________________________

## Notes

**Photo/Dessin**

**Évaluation**

**Titre Livre:**

**Auteur:**

**Editeur:**

**Date Publication:** _________________  **N° Édition :** _________________

Acheté Chez : _________________________________

Prix d'Achat :          Valeur Réelle

**Condition**          Séries/Année

## Description

_________________________________________
_________________________________________
_________________________________________
_________________________________________
_________________________________________
_________________________________________

## Notes

**Photo/Dessin**

## Évaluation

☆ ☆ ☆ ☆ ☆

**Titre Livre:**

**Auteur:**

**Editeur:**

**Date Publication:** _________________   **N° Édition :**_________________

Acheté Chez :   _______________________________________

Prix d'Achat :              Valeur Réelle

**Condition**              Séries/Année

## Description

_______________________________________________________

_______________________________________________________

_______________________________________________________

_______________________________________________________

_______________________________________________________

# Notes

**Photo/Dessin**

**Évaluation**

**Titre Livre:**

**Auteur:**

**Editeur:**

**Date Publication:** _______________ **N° Édition :** _______________

Acheté Chez : _______________________________________

Prix d'Achat :        Valeur Réelle

**Condition**        **Séries/Année**

## Description

________________________________________________

________________________________________________

________________________________________________

________________________________________________

________________________________________________

________________________________________________

# Notes

**Photo/Dessin**

## Évaluation

☆ ☆ ☆ ☆ ☆

**Titre Livre:**

**Auteur:**

**Editeur:**

**Date Publication:** ______________________  **N° Édition :** ______________________

Acheté Chez : ______________________________________________

Prix d'Achat : [                    ]  Valeur Réelle [                    ]

**Condition** [                    ]  **Séries/Année** [                    ]

## Description

______________________________________________

______________________________________________

______________________________________________

______________________________________________

______________________________________________

______________________________________________

# Notes

## Photo/Dessin

## Évaluation

☆ ☆ ☆ ☆ ☆

**Titre Livre:**

**Auteur:**

**Editeur:**

**Date Publication:** _________________ **N° Édition :**_________________

Acheté Chez : _________________________________________

Prix d'Achat : Valeur Réelle

**Condition** Séries/Année

## Description

________________________________________________________

________________________________________________________

________________________________________________________

________________________________________________________

________________________________________________________

________________________________________________________

## Notes

**Photo/Dessin**

________________________________

________________________________

________________________________

________________________________

________________________________

________________________________

________________________________

________________________________

________________________________

### Évaluation

☆ ☆ ☆ ☆ ☆

**Titre Livre:**

**Auteur:**

**Editeur:**

**Date Publication:** ______________________ **N° Édition :** ________________

Acheté Chez : ________________________________

Prix d'Achat :           Valeur Réelle

**Condition**           **Séries/Année**

## Description

_______________________________________________

_______________________________________________

_______________________________________________

_______________________________________________

_______________________________________________

# Notes

**Photo/Dessin**

**Évaluation**

☆ ☆ ☆ ☆ ☆

**Titre Livre:**

**Auteur:**

**Editeur:**

**Date Publication:** ________________  **N° Édition :** ________________

Acheté Chez : ________________________________

Prix d'Achat :                    Valeur Réelle

**Condition**                    **Séries/Année**

## Description

_______________________________________

_______________________________________

_______________________________________

_______________________________________

_______________________________________

_______________________________________

## Notes

_______________________    **Photo/Dessin**

_______________________

_______________________

_______________________

_______________________

_______________________

_______________________

_______________________

_______________________

### Évaluation

☆ ☆ ☆ ☆ ☆

**Titre Livre:**

**Auteur:**

**Editeur:**

**Date Publication:** ___________________ **N° Édition :** _______________

Acheté Chez : _________________________________________

Prix d'Achat :            Valeur Réelle

**Condition**            **Séries/Année**

## Description

________________________________________________________

________________________________________________________

________________________________________________________

________________________________________________________

________________________________________________________

## Notes

**Photo/Dessin**

**Évaluation**

**Titre Livre:**

**Auteur:**

**Editeur:**

**Date Publication:** ___________________ **N° Édition :** ___________________

Acheté Chez : ___________________________________

Prix d'Achat :      Valeur Réelle

**Condition**      **Séries/Année**

## Description

## Notes

**Photo/Dessin**

**Évaluation**

☆ ☆ ☆ ☆ ☆

**Titre Livre:**

**Auteur:**

**Editeur:**

**Date Publication:** ________________________  **N° Édition :** ________________________

Acheté Chez : ________________________________________

Prix d'Achat :                          Valeur Réelle

**Condition**                          Séries/Année

## Description

_______________________________________________

_______________________________________________

_______________________________________________

_______________________________________________

_______________________________________________

# Notes

Photo/Dessin

## Évaluation

☆ ☆ ☆ ☆ ☆

**Titre Livre:**

**Auteur:**

**Editeur:**

**Date Publication:** ___________________ **N° Édition :** ___________________

Acheté Chez : _______________________________________

Prix d'Achat :                          Valeur Réelle

**Condition**                          **Séries/Année**

## Description

_______________________________________________________

_______________________________________________________

_______________________________________________________

_______________________________________________________

_______________________________________________________

_______________________________________________________

## Notes

**Photo/Dessin**

**Évaluation**

☆ ☆ ☆ ☆ ☆

**Titre Livre:**

**Auteur:**

**Editeur:**

**Date Publication:** ______________________ **N° Édition :** ______________________

Acheté Chez : ________________________________________

Prix d'Achat :     Valeur Réelle

**Condition**     **Séries/Année**

## Description

## Notes

**Photo/Dessin**

**Évaluation**

☆ ☆ ☆ ☆ ☆

**Titre Livre:**

**Auteur:**

**Editeur:**

**Date Publication:** _________________ **N° Édition :** _________________

Acheté Chez : _________________________________________________

Prix d'Achat :        Valeur Réelle

**Condition**        **Séries/Année**

## Description

_______________________________________________

_______________________________________________

_______________________________________________

_______________________________________________

_______________________________________________

_______________________________________________

## Notes

                                         **Photo/Dessin**

____________________________

____________________________

____________________________

____________________________

____________________________

____________________________

____________________________

____________________________

____________________________

## Évaluation

☆ ☆ ☆ ☆ ☆

**Titre Livre:**

**Auteur:**

**Editeur:**

**Date Publication:** _________________ **N° Édition :** _________________

Acheté Chez : ___________________________________

Prix d'Achat :       Valeur Réelle

**Condition**       **Séries/Année**

## Description

## Notes

### Photo/Dessin

### Évaluation

☆ ☆ ☆ ☆ ☆

**Titre Livre:**

**Auteur:**

**Editeur:**

**Date Publication:** ________________________ **N° Édition :** ________________________

Acheté Chez : ________________________________________

Prix d'Achat :      Valeur Réelle

Condition      Séries/Année

## Description

## Notes

**Photo/Dessin**

## Évaluation

☆ ☆ ☆ ☆ ☆

**Titre Livre:**

**Auteur:**

**Editeur:**

**Date Publication:** _______________  **N° Édition :** _______________

Acheté Chez : _______________________________

Prix d'Achat :      Valeur Réelle

**Condition**      **Séries/Année**

## Description

_______________________________________________
_______________________________________________
_______________________________________________
_______________________________________________
_______________________________________________
_______________________________________________

## Notes

_______________________________
_______________________________
_______________________________
_______________________________
_______________________________
_______________________________
_______________________________
_______________________________
_______________________________
_______________________________

**Photo/Dessin**

### Évaluation

☆ ☆ ☆ ☆ ☆

**Titre Livre:**

**Auteur:**

**Editeur:**

**Date Publication:** ________________________ **N° Édition :** ________________________

Acheté Chez : ________________________________________

Prix d'Achat :   Valeur Réelle

**Condition**   **Séries/Année**

## Description

## Notes

**Photo/Dessin**

**Évaluation**

☆ ☆ ☆ ☆ ☆

**Titre Livre:**

**Auteur:**

**Editeur:**

**Date Publication:** _________________ **N° Édition :** _________________

Acheté Chez : _______________________________

Prix d'Achat :            Valeur Réelle

**Condition**            **Séries/Année**

## Description

_______________________________________________

_______________________________________________

_______________________________________________

_______________________________________________

_______________________________________________

_______________________________________________

## Notes

**Photo/Dessin**

**Évaluation**

☆ ☆ ☆ ☆ ☆

**Titre Livre:**

**Auteur:**

**Editeur:**

**Date Publication:** ______________________  N° Édition :______________________

Acheté Chez : ________________________________________________

Prix d'Achat :             Valeur Réelle

**Condition**             **Séries/Année**

## Description

# Notes

**Photo/Dessin**

## Évaluation

☆ ☆ ☆ ☆ ☆

**Titre Livre:**

**Auteur:**

**Editeur:**

**Date Publication:** ______________________ **N° Édition :**_________________

Acheté Chez : ______________________________________

Prix d'Achat :        Valeur Réelle

**Condition**        **Séries/Année**

## Description

## Notes

### Photo/Dessin

### Évaluation

☆ ☆ ☆ ☆ ☆

**Titre Livre:**

**Auteur:**

**Editeur:**

**Date Publication:** ________________   **N° Édition :** ________________

Acheté Chez : ________________________________

Prix d'Achat : [                    ]   Valeur Réelle [                    ]

**Condition** [                    ]   **Séries/Année** [                    ]

## Description

________________________________________________

________________________________________________

________________________________________________

________________________________________________

________________________________________________

## Notes

________________________   Photo/Dessin

________________________

________________________

________________________

________________________

________________________

________________________

________________________

### Évaluation

☆ ☆ ☆ ☆ ☆

**Titre Livre:**

**Auteur:**

**Editeur:**

**Date Publication:** _____________________ **N° Édition :** _______________

Acheté Chez : _________________________________________

Prix d'Achat :     Valeur Réelle

**Condition**     **Séries/Année**

## Description

________________________________________________

________________________________________________

________________________________________________

________________________________________________

________________________________________________

________________________________________________

# Notes

________________________________________________

**Photo/Dessin**

________________________________________________

________________________________________________

________________________________________________

________________________________________________

________________________________________________

________________________________________________

________________________________________________

________________________________________________

**Évaluation**

☆ ☆ ☆ ☆ ☆

**Titre Livre:**

**Auteur:**

**Editeur:**

**Date Publication:** _________________ **N° Édition :**_________________

Acheté Chez : _______________________________________

Prix d'Achat :                        Valeur Réelle

**Condition**                        **Séries/Année**

## Description

________________________________________________

________________________________________________

________________________________________________

________________________________________________

________________________________________________

________________________________________________

## Notes

**Photo/Dessin**

**Évaluation**

☆ ☆ ☆ ☆ ☆

**Titre Livre:**

**Auteur:**

**Editeur:**

**Date Publication:** ______________________  **N° Édition :**_____________________

Acheté Chez : ________________________________________________

Prix d'Achat :  **Valeur Réelle**

**Condition**  **Séries/Année**

## Description

_________________________________________________________

_________________________________________________________

_________________________________________________________

_________________________________________________________

_________________________________________________________

## Notes

**Photo/Dessin**

________________________________

________________________________

________________________________

________________________________

________________________________

________________________________

________________________________

________________________________

________________________________

________________________________

### Évaluation

☆ ☆ ☆ ☆ ☆

**Titre Livre:**

**Auteur:**

**Editeur:**

**Date Publication:** _______________ **N° Édition :** _______________

Acheté Chez : _______________

Prix d'Achat :        Valeur Réelle

**Condition**        **Séries/Année**

## Description

## Notes

### Photo/Dessin

## Évaluation

☆ ☆ ☆ ☆ ☆

**Titre Livre:**

**Auteur:**

**Editeur:**

**Date Publication:** _________________ **N° Édition :**_________________

Acheté Chez : _________________________________________

Prix d'Achat :        Valeur Réelle

**Condition**        **Séries/Année**

## Description

_______________________________________________

_______________________________________________

_______________________________________________

_______________________________________________

_______________________________________________

# Notes

### Photo/Dessin

_______________________________

_______________________________

_______________________________

_______________________________

_______________________________

_______________________________

_______________________________

_______________________________

_______________________________

_______________________________

**Évaluation**

☆ ☆ ☆ ☆ ☆

**Titre Livre:**

**Auteur:**

**Editeur:**

**Date Publication:** ________________________ **N° Édition :** ________________________

Acheté Chez : ________________________________________

Prix d'Achat :      Valeur Réelle

**Condition**      **Séries/Année**

## Description

## Notes

**Photo/Dessin**

## Évaluation

☆ ☆ ☆ ☆ ☆

**Titre Livre:**

**Auteur:**

**Editeur:**

**Date Publication:** ___________________ **N° Édition :**___________________

Acheté Chez : ___________________________________

Prix d'Achat :             Valeur Réelle

**Condition**             **Séries/Année**

## Description

# Notes

**Photo/Dessin**

## Évaluation

☆ ☆ ☆ ☆ ☆

**Titre Livre:**

**Auteur:**

**Editeur:**

**Date Publication:** _________________   **N° Édition :** _________________

Acheté Chez : _______________________________________

Prix d'Achat :                          Valeur Réelle

**Condition**                          **Séries/Année**

## Description

___________________________________________________

___________________________________________________

___________________________________________________

___________________________________________________

___________________________________________________

___________________________________________________

## Notes

Photo/Dessin

___________________________________________________

___________________________________________________

___________________________________________________

___________________________________________________

___________________________________________________

___________________________________________________

___________________________________________________

___________________________________________________

___________________________________________________

## Évaluation

☆ ☆ ☆ ☆ ☆

**Titre Livre:**

**Auteur:**

**Editeur:**

**Date Publication:** _________________ **N° Édition :** _________________

Acheté Chez : _________________

Prix d'Achat :     Valeur Réelle

**Condition**     **Séries/Année**

## Description

____________________
____________________
____________________
____________________
____________________
____________________

## Notes

                                                **Photo/Dessin**

**Évaluation**

☆ ☆ ☆ ☆ ☆

**Titre Livre:**

**Auteur:**

**Editeur:**

**Date Publication:** _______________________ **N° Édition :** _______________________

Acheté Chez : _________________________________________

Prix d'Achat : [                    ]   Valeur Réelle [                    ]

**Condition** [                    ]   **Séries/Année** [                    ]

## Description

_________________________________________________________

_________________________________________________________

_________________________________________________________

_________________________________________________________

_________________________________________________________

## Notes

_________________________________________

_________________________________________

_________________________________________

_________________________________________

_________________________________________

_________________________________________

_________________________________________

_________________________________________

_________________________________________

### Photo/Dessin

### Évaluation

☆ ☆ ☆ ☆ ☆

**Titre Livre:**

**Auteur:**

**Editeur:**

**Date Publication:** _______________  **N° Édition :**_______________

Acheté Chez :  _______________________________

Prix d'Achat :  Valeur Réelle

**Condition**  **Séries/Année**

## Description

___________________________________________
___________________________________________
___________________________________________
___________________________________________
___________________________________________
___________________________________________

## Notes

**Photo/Dessin**

___________________________
___________________________
___________________________
___________________________
___________________________
___________________________
___________________________
___________________________
___________________________

**Évaluation**

☆ ☆ ☆ ☆ ☆

Titre Livre:
Auteur:
Editeur:
Date Publication: ________________ N° Édition : ________________
Acheté Chez : ________________
Prix d'Achat : Valeur Réelle
Condition Séries/Année
Description
Notes
Photo/Dessin
Évaluation

**Titre Livre:**

**Auteur:**

**Editeur:**

**Date Publication:** ________________________ **N° Édition :** ______________________

Acheté Chez : ________________________________________

Prix d'Achat :                     Valeur Réelle

**Condition**                     **Séries/Année**

## Description

________________________________________________________________

________________________________________________________________

________________________________________________________________

________________________________________________________________

________________________________________________________________

________________________________________________________________

## Notes

**Photo/Dessin**

## Évaluation

☆ ☆ ☆ ☆ ☆

**Titre Livre:**

**Auteur:**

**Editeur:**

**Date Publication:** ______________________ **N° Édition :** ______________________

Acheté Chez : _______________________________________

Prix d'Achat : | Valeur Réelle |

**Condition** | **Séries/Année** |

**Description**

________________________________________________________

________________________________________________________

________________________________________________________

________________________________________________________

________________________________________________________

## Notes

**Photo/Dessin**

________________________________

________________________________

________________________________

________________________________

________________________________

________________________________

________________________________

________________________________

________________________________

**Évaluation**

☆ ☆ ☆ ☆ ☆

**Titre Livre:**

**Auteur:**

**Editeur:**

**Date Publication:** ______________________ **N° Édition :** ______________________

Acheté Chez : ______________________________________________

Prix d'Achat :      Valeur Réelle

**Condition**      **Séries/Année**

## Description

______________________________________________

______________________________________________

______________________________________________

______________________________________________

______________________________________________

______________________________________________

## Notes

**Photo/Dessin**

______________________

______________________

______________________

______________________

______________________

______________________

______________________

______________________

______________________

______________________

**Évaluation**

☆ ☆ ☆ ☆ ☆

**Titre Livre:**

**Auteur:**

**Editeur:**

**Date Publication:** _______________ **N° Édition :** _______________

Acheté Chez : _______________________________

Prix d'Achat : Valeur Réelle

**Condition** Séries/Année

## Description

_______________________________________________
_______________________________________________
_______________________________________________
_______________________________________________
_______________________________________________
_______________________________________________

## Notes

Photo/Dessin

**Évaluation**

☆ ☆ ☆ ☆ ☆

**Titre Livre:**

**Auteur:**

**Editeur:**

**Date Publication:** _________________ **N° Édition :** _________________

Acheté Chez : _________________________________

Prix d'Achat :            Valeur Réelle

**Condition**           **Séries/Année**

## Description

# Notes

**Photo/Dessin**

**Évaluation**

☆ ☆ ☆ ☆ ☆

Titre Livre:
Auteur:
Editeur:
Date Publication: ___________________ N° Édition :___________________
Acheté Chez : ___________________
Prix d'Achat : Valeur Réelle
Condition Séries/Année
Description
Notes
Photo/Dessin
Évaluation

**Titre Livre:**

**Auteur:**

**Editeur:**

**Date Publication:** _________________________  **N° Édition :** _________________________

Acheté Chez : _________________________________________

Prix d'Achat :           Valeur Réelle

**Condition**           **Séries/Année**

## Description

_______________________________________________
_______________________________________________
_______________________________________________
_______________________________________________
_______________________________________________
_______________________________________________

## Notes

**Photo/Dessin**

## Évaluation

☆ ☆ ☆ ☆ ☆

**Titre Livre:**

**Auteur:**

**Editeur:**

**Date Publication:** ______________________ **N° Édition :** ______________

Acheté Chez : ________________________________________

Prix d'Achat :      Valeur Réelle

**Condition**      **Séries/Année**

**Description**

Notes

**Photo/Dessin**

**Évaluation**

**Titre Livre:**

**Auteur:**

**Editeur:**

**Date Publication:** _________________  **N° Édition :**_________________

Acheté Chez :  ___________________________________

Prix d'Achat :                              Valeur Réelle

**Condition**                              **Séries/Année**

## Description

_________________________________________________

_________________________________________________

_________________________________________________

_________________________________________________

_________________________________________________

_________________________________________________

## Notes

**Photo/Dessin**

_________________________________

_________________________________

_________________________________

_________________________________

_________________________________

_________________________________

_________________________________

_________________________________

_________________________________

_________________________________

**Évaluation**

☆ ☆ ☆ ☆ ☆

**Titre Livre:**

**Auteur:**

**Editeur:**

**Date Publication:** _________________ **N° Édition :** _________________

Acheté Chez : _________________________________

Prix d'Achat :            Valeur Réelle

**Condition**            **Séries/Année**

## Description

## Notes

**Photo/Dessin**

## Évaluation

☆ ☆ ☆ ☆ ☆

**Titre Livre:**

**Auteur:**

**Editeur:**

**Date Publication:** ____________________ **N° Édition :** ____________________

Acheté Chez : ____________________________________________

Prix d'Achat :        Valeur Réelle

**Condition**        **Séries/Année**

## Description

________________________________________________________________

________________________________________________________________

________________________________________________________________

________________________________________________________________

________________________________________________________________

________________________________________________________________

## Notes

## Photo/Dessin

**Évaluation**

☆ ☆ ☆ ☆ ☆

**Titre Livre:**

**Auteur:**

**Editeur:**

**Date Publication:** _______________  **N° Édition :** _______________

Acheté Chez : _______________

Prix d'Achat :          Valeur Réelle

**Condition**          **Séries/Année**

## Description

_______________

_______________

_______________

_______________

_______________

## Notes

_______________

_______________

_______________

_______________

_______________

_______________

_______________

_______________

### Photo/Dessin

## Évaluation

☆ ☆ ☆ ☆ ☆

**Titre Livre:**

**Auteur:**

**Editeur:**

**Date Publication:** ______________________ **N° Édition :** ______________________

Acheté Chez : ______________________________________________

Prix d'Achat :                              Valeur Réelle

**Condition**                              **Séries/Année**

## Description

______________________________________________

______________________________________________

______________________________________________

______________________________________________

______________________________________________

______________________________________________

# Notes

Photo/Dessin

______________________________

______________________________

______________________________

______________________________

______________________________

______________________________

______________________________

______________________________

______________________________

______________________________

## Évaluation

☆ ☆ ☆ ☆ ☆

**Titre Livre:**

**Auteur:**

**Editeur:**

**Date Publication:** _______________  **N° Édition :** _______________

Acheté Chez : _______________________________________________

Prix d'Achat : [                    ]  Valeur Réelle [              ]

**Condition** [                    ]  **Séries/Année** [              ]

## Description

_____________________________________________________________
_____________________________________________________________
_____________________________________________________________
_____________________________________________________________
_____________________________________________________________
_____________________________________________________________

# Notes

**Photo/Dessin**

_______________________________
_______________________________
_______________________________
_______________________________
_______________________________
_______________________________
_______________________________
_______________________________
_______________________________

## Évaluation

☆ ☆ ☆ ☆ ☆

**Titre Livre:**

**Auteur:**

**Editeur:**

**Date Publication:** _________________ **N° Édition :** _________________

Acheté Chez : _______________________________

Prix d'Achat : ____________  Valeur Réelle ____________

**Condition** ____________  **Séries/Année** ____________

## Description

____________________________________

____________________________________

____________________________________

____________________________________

____________________________________

____________________________________

## Notes

**Photo/Dessin**

____________________________

____________________________

____________________________

____________________________

____________________________

____________________________

____________________________

____________________________

____________________________

____________________________

**Évaluation**

☆ ☆ ☆ ☆ ☆

**Titre Livre:**

**Auteur:**

**Editeur:**

**Date Publication:** ________________ **N° Édition :** ________________

Acheté Chez : ________________________________

Prix d'Achat :        Valeur Réelle

**Condition**        **Séries/Année**

## Description

______________________________________________

______________________________________________

______________________________________________

______________________________________________

______________________________________________

______________________________________________

## Notes

Photo/Dessin

______________________________

______________________________

______________________________

______________________________

______________________________

______________________________

______________________________

______________________________

______________________________

## Évaluation

☆ ☆ ☆ ☆ ☆

**Titre Livre:**

**Auteur:**

**Editeur:**

**Date Publication:** ______________________ **N° Édition :**______________________

Acheté Chez : ______________________________________________

Prix d'Achat :         Valeur Réelle

**Condition**         **Séries/Année**

## Description

## Notes

**Photo/Dessin**

**Évaluation**

☆ ☆ ☆ ☆ ☆

**Titre Livre:**

**Auteur:**

**Editeur:**

**Date Publication:** _________________ **N° Édition ;** _________________

Acheté Chez : _______________________________

Prix d'Achat :     Valeur Réelle

**Condition**     **Séries/Année**

## Description

_______________________________________________

_______________________________________________

_______________________________________________

_______________________________________________

_______________________________________________

_______________________________________________

## Notes

**Photo/Dessin**

_______________________________

_______________________________

_______________________________

_______________________________

_______________________________

_______________________________

_______________________________

_______________________________

_______________________________

### Évaluation

☆ ☆ ☆ ☆ ☆

**Titre Livre:**

**Auteur:**

**Editeur:**

**Date Publication:** _______________  **N° Édition :** _______________

Acheté Chez : _______________________________

Prix d'Achat :        Valeur Réelle

**Condition**        **Séries/Année**

## Description

_______________________________________________

_______________________________________________

_______________________________________________

_______________________________________________

_______________________________________________

# Notes

**Photo/Dessin**

**Évaluation**

☆ ☆ ☆ ☆ ☆

**Titre Livre:**

**Auteur:**

**Editeur:**

**Date Publication:** _________________ **N° Édition :** _______________

Acheté Chez : _______________________________________

Prix d'Achat :       Valeur Réelle

Condition       Séries/Année

## Description

____________________________________________

____________________________________________

____________________________________________

____________________________________________

____________________________________________

____________________________________________

## Notes

### Photo/Dessin

## Évaluation

☆ ☆ ☆ ☆ ☆

**Titre Livre:**

**Auteur:**

**Editeur:**

**Date Publication:** _________________ **N° Édition :**_________________

Acheté Chez : _______________________________________

Prix d'Achat :             Valeur Réelle

Condition             Séries/Année

## Description

## Notes

**Photo/Dessin**

**Évaluation**

☆ ☆ ☆ ☆ ☆

**Titre Livre:**

**Auteur:**

**Editeur:**

**Date Publication:** _________________  **N° Édition :** _________________

Acheté Chez : _________________________________________

Prix d'Achat :              Valeur Réelle

Condition                Séries/Année

## Description

_______________________________________________
_______________________________________________
_______________________________________________
_______________________________________________
_______________________________________________
_______________________________________________

## Notes

**Photo/Dessin**

_______________________________
_______________________________
_______________________________
_______________________________
_______________________________
_______________________________
_______________________________
_______________________________
_______________________________

**Évaluation**

☆ ☆ ☆ ☆ ☆

**Titre Livre:**

**Auteur:**

**Editeur:**

**Date Publication:** _________________ **N° Édition :**_________________

Acheté Chez :

Prix d'Achat :          Valeur Réelle

**Condition**          **Séries/Année**

## Description

_______________________________________________

_______________________________________________

_______________________________________________

_______________________________________________

_______________________________________________

_______________________________________________

## Notes

Photo/Dessin

## Évaluation

**Titre Livre:**

**Auteur:**

**Editeur:**

Date Publication: _________________  N° Édition : _________________

Acheté Chez : _________________________________________

Prix d'Achat :        Valeur Réelle

Condition        Séries/Année

## Description

______________________________________________

______________________________________________

______________________________________________

______________________________________________

______________________________________________

______________________________________________

## Notes

                    **Photo/Dessin**

_______________________

_______________________

_______________________

_______________________

_______________________

_______________________

_______________________

_______________________

_______________________

### Évaluation

☆ ☆ ☆ ☆ ☆

**Titre Livre:**

**Auteur:**

**Editeur:**

**Date Publication:** ___________________ **N° Édition :** ___________________

Acheté Chez : _______________________________________

Prix d'Achat :           Valeur Réelle

Condition           Séries/Année

## Description

______________________________________________
______________________________________________
______________________________________________
______________________________________________
______________________________________________

## Notes

Photo/Dessin

**Évaluation**

☆ ☆ ☆ ☆ ☆

**Titre Livre:**

**Auteur:**

**Editeur:**

**Date Publication:** ___________________ **N° Édition :** ___________________

Acheté Chez : ___________________

Prix d'Achat :        Valeur Réelle

Condition        Séries/Année

## Description

## Notes

**Photo/Dessin**

**Évaluation**

☆ ☆ ☆ ☆ ☆

**Titre Livre:**

**Auteur:**

**Editeur:**

**Date Publication:** _________________ **N° Édition :**_________________

Acheté Chez : _______________________________

Prix d'Achat :       Valeur Réelle

Condition       Séries/Année

## Description

## Notes

**Photo/Dessin**

**Évaluation**

**Titre Livre:**

**Auteur:**

**Editeur:**

Date Publication: _________________ N° Édition :________________

Acheté Chez : _________________________________

Prix d'Achat : Valeur Réelle

Condition Séries/Année

## Description

_______________________________________________
_______________________________________________
_______________________________________________
_______________________________________________
_______________________________________________
_______________________________________________

## Notes

## Photo/Dessin

_______________________________________
_______________________________________
_______________________________________
_______________________________________
_______________________________________
_______________________________________
_______________________________________
_______________________________________

## Évaluation

☆ ☆ ☆ ☆ ☆

**Titre Livre:**

**Auteur:**

**Editeur:**

**Date Publication:** _________________ **N° Édition :** _________________

Acheté Chez : _________________________________________

Prix d'Achat :          Valeur Réelle

**Condition**          **Séries/Année**

## Description

______________________________________________

______________________________________________

______________________________________________

______________________________________________

______________________________________________

# Notes

**Photo/Dessin**

______________________________

______________________________

______________________________

______________________________

______________________________

______________________________

______________________________

______________________________

______________________________

______________________________

**Évaluation**

☆ ☆ ☆ ☆ ☆

**Titre Livre:**

**Auteur:**

**Editeur:**

**Date Publication:** _________________  **N° Édition :** _________________

Acheté Chez : _______________________________________

Prix d'Achat :                    Valeur Réelle

**Condition**                    **Séries/Année**

## Description

________________________________________

________________________________________

________________________________________

________________________________________

________________________________________

## Notes

________________________________________

________________________________________

________________________________________

________________________________________

________________________________________

________________________________________

________________________________________

________________________________________

________________________________________

### Photo/Dessin

### Évaluation

☆ ☆ ☆ ☆ ☆

**Titre Livre:**

**Auteur:**

**Editeur:**

**Date Publication:** _________________ **N° Édition :**_________________

Acheté Chez : _______________________________

Prix d'Achat :         Valeur Réelle

**Condition**         **Séries/Année**

## Description

______________________________________________

______________________________________________

______________________________________________

______________________________________________

______________________________________________

______________________________________________

# Notes

**Photo/Dessin**

______________________________

______________________________

______________________________

______________________________

______________________________

______________________________

______________________________

______________________________

______________________________

______________________________

**Évaluation**

☆ ☆ ☆ ☆ ☆

**Titre Livre:**

**Auteur:**

**Editeur:**

**Date Publication:** ________________________ **N° Édition :** ________________________

Acheté Chez : ________________________________________

Prix d'Achat :

Valeur Réelle

**Condition**

**Séries/Année**

## Description

______________________________________________

______________________________________________

______________________________________________

______________________________________________

______________________________________________

______________________________________________

## Notes

**Photo/Dessin**

______________________________

______________________________

______________________________

______________________________

______________________________

______________________________

______________________________

______________________________

______________________________

**Évaluation**

☆ ☆ ☆ ☆ ☆

**Titre Livre:**

**Auteur:**

**Editeur:**

**Date Publication:** _________________ **N° Édition :** ________________

Acheté Chez : ___________________________________________

Prix d'Achat : ________________  Valeur Réelle ________________

**Condition** ________________  **Séries/Année** ________________

## Description

______________________________________________________

______________________________________________________

______________________________________________________

______________________________________________________

______________________________________________________

______________________________________________________

# Notes

**Photo/Dessin**

**Évaluation**

☆ ☆ ☆ ☆ ☆

**Titre Livre:**

**Auteur:**

**Editeur:**

**Date Publication:** _________________ **N° Édition :** _________________

Acheté Chez : _________________________________________

Prix d'Achat :       Valeur Réelle

**Condition**       **Séries/Année**

## Description

## Notes

**Photo/Dessin**

**Évaluation**

☆ ☆ ☆ ☆ ☆

**Titre Livre:**

**Auteur:**

**Editeur:**

**Date Publication:** _________________  **N° Édition :** _______________

Acheté Chez : _______________________________________

Prix d'Achat :                          Valeur Réelle

**Condition**                          **Séries/Année**

## Description

______________________________________________________
______________________________________________________
______________________________________________________
______________________________________________________
______________________________________________________
______________________________________________________

## Notes

**Photo/Dessin**

**Évaluation**

☆ ☆ ☆ ☆ ☆

**Titre Livre:**

**Auteur:**

**Editeur:**

**Date Publication:** _______________ **N° Édition :** _______________

Acheté Chez : _______________

Prix d'Achat :                Valeur Réelle

**Condition**                **Séries/Année**

## Description

_______________________________________________

_______________________________________________

_______________________________________________

_______________________________________________

_______________________________________________

_______________________________________________

## Notes

**Photo/Dessin**

_______________________________________________

_______________________________________________

_______________________________________________

_______________________________________________

_______________________________________________

_______________________________________________

_______________________________________________

_______________________________________________

_______________________________________________

### Évaluation

☆ ☆ ☆ ☆ ☆

**Titre Livre:**

**Auteur:**

**Editeur:**

**Date Publication:** _________________ **N° Édition :**_________________

Acheté Chez : _________________________________

Prix d'Achat : [          ]  Valeur Réelle [          ]

**Condition** [          ]  **Séries/Année** [          ]

## Description

_______________________________________________
_______________________________________________
_______________________________________________
_______________________________________________
_______________________________________________
_______________________________________________

## Notes

_______________________________
_______________________________
_______________________________
_______________________________
_______________________________
_______________________________
_______________________________
_______________________________
_______________________________
_______________________________

### Photo/Dessin

### Évaluation

☆ ☆ ☆ ☆ ☆

**Titre Livre:**

**Auteur:**

**Editeur:**

**Date Publication:** _________________ **N° Édition :** _______________

Acheté Chez : _________________________________

Prix d'Achat :        Valeur Réelle

**Condition**        **Séries/Année**

## Description

# Notes

**Photo/Dessin**

## Évaluation

☆ ☆ ☆ ☆ ☆

**Titre Livre:**

**Auteur:**

**Editeur:**

**Date Publication:** _________________ **N° Édition** : _________________

Acheté Chez : ______________________________________

Prix d'Achat : | Valeur Réelle |

**Condition** | **Séries/Année** |

**Description**

_______________________________________________
_______________________________________________
_______________________________________________
_______________________________________________
_______________________________________________
_______________________________________________

## Notes

_______________________________

**Photo/Dessin**

_______________________________

_______________________________

_______________________________

_______________________________

_______________________________

_______________________________

_______________________________

**Évaluation**

☆ ☆ ☆ ☆ ☆

**Titre Livre:**

**Auteur:**

**Editeur:**

**Date Publication:** ________________  N° Édition : ________________

Acheté Chez : ________________________________________

Prix d'Achat :                    Valeur Réelle

Condition                    Séries/Année

## Description

_______________________________________________

_______________________________________________

_______________________________________________

_______________________________________________

_______________________________________________

## Notes

Photo/Dessin

## Évaluation

☆ ☆ ☆ ☆ ☆

**Titre Livre:**

**Auteur:**

**Editeur:**

**Date Publication:** _________________ **N° Édition :** _______________

Acheté Chez :

Prix d'Achat :     Valeur Réelle

**Condition**     **Séries/Année**

## Description

## Notes

**Photo/Dessin**

**Évaluation**

☆ ☆ ☆ ☆ ☆

**Titre Livre:**

**Auteur:**

**Editeur:**

**Date Publication:** _________________ **N° Édition :** _________________

Acheté Chez : _________________________________

Prix d'Achat :      Valeur Réelle

Condition      Séries/Année

## Description

_______________________________________________

_______________________________________________

_______________________________________________

_______________________________________________

_______________________________________________

_______________________________________________

## Notes

Photo/Dessin

## Évaluation

☆ ☆ ☆ ☆ ☆

**Titre Livre:**

**Auteur:**

**Editeur:**

**Date Publication:** _______________ **N° Édition :**_______________

Acheté Chez : _______________

Prix d'Achat :       Valeur Réelle

**Condition**       **Séries/Année**

## Description

________________________________________

________________________________________

________________________________________

________________________________________

________________________________________

________________________________________

## Notes

### Photo/Dessin

## Évaluation

☆ ☆ ☆ ☆ ☆

**Titre Livre:**

**Auteur:**

**Editeur:**

**Date Publication:** ______________________ **N° Édition :** ______________________

Acheté Chez : ______________________________________________

Prix d'Achat :                     Valeur Réelle

Condition                      Séries/Année

## Description

______________________________________________

______________________________________________

______________________________________________

______________________________________________

______________________________________________

______________________________________________

## Notes

______________________________________________

______________________________________________

______________________________________________

______________________________________________

______________________________________________

______________________________________________

______________________________________________

______________________________________________

**Photo/Dessin**

### Évaluation

☆ ☆ ☆ ☆ ☆

Titre Livre:

Auteur:

Editeur:

Date Publication: _______________ N° Édition :_______________

Acheté Chez : _______________________

Prix d'Achat : Valeur Réelle

Condition Séries/Année

Description

Notes

Photo/Dessin

Évaluation

www.ingramcontent.com/pod-product-compliance
Lightning Source LLC
Chambersburg PA
CBHW051440150726
48000CB00005B/2185